RÉPONSE

AU

MINISTRE DES FINANCES.

Paris. — Imp. SCHNEIDER et LANGRAND,
rue d'Erfurth, 1.

DEUXIÈME AVIS AUX CONTRIBUABLES,

OU

RÉPONSE

AU MINISTRE DES FINANCES,

PAR TIMON.

1re *épigraphe.* — « La France engage son avenir pour « plus de dix ans, et encore faut-il que ce soit dix an- « nées de prospérité ! »

2o *épigraphe.* — « Des besoins nouveaux apparaissent « chaque année, et chaque année des besoins anciens exi- « gent des sacrifices plus considérables. »

3e *épigraphe.* — « N'oublions pas que chaque somme de « plus, quelque modique qu'elle soit, vient ajouter aux « difficultés d'une position bien difficile déjà. »

(M. LACAVE-LAPLAGNE, aujourd'hui ministre des finances.)

(2e **Édition.**)

PARIS.

PAGNERRE, ÉDITEUR,

RUE DE SEINE, 14 BIS.

1842

RÉPONSE

AU MINISTRE DES FINANCES.

Mézilles, ce 26 juin 1842.

A Monsieur le Ministre des Finances.

C'est à Son Excellence le Ministre des finances, je crois, que j'ai l'avantage d'ôter mon chapeau, à vous, Monsieur Lacave-Laplagne, que je parle.

Monsieur, je ne m'attendais pas que vous me feriez l'honneur de vous renfermer dans vos bureaux, salons, chambres à coucher et cabinets adjacents, avec vos 635 directeurs, sous-directeurs, chefs, sous-chefs, petits chefs et employés de tous grades et de tout traitement, pour regarder à travers ma brochure, et pour y voir et y aire voir ce qui y est, et même ce qui n'y est pas. Je suis vraiment confus de vos attentions.

Pour moi, Monsieur, je n'ai pas à mon service vos 635 directeurs, sous-directeurs, chefs, sous-chefs, petits-chefs et employés, avec le mobilier, les registres, les contraintes et les garnisaires; et c'est peut-être parce que je suis seul, voyez-vous, que je vais plus vite en besogne. Vous avez mis à manipuler mes chiffres cinq jours et cinq nuits, presque autant que pour le monde qui se fit en six jours, un jour de moins. Cinq jours pour réfuter ma petite brochure! je n'ai eu, moi, besoin que d'une heure pour réduire au néant ce grand œuvre de votre création.

Le temps me presse et mon embarras est extrême, car il faut que je défende à la fois mon élection contre vos menées, et les contribuables contre vos impôts. C'est là bien de la besogne!

Vos objections, Monsieur, sont de deux sortes : objections de chiffres, objections de raisonnement.

Que dites-vous sur mon chiffre ? Deux choses seulement.

1° Vous établissez une autre proportionnelle d'impôt d'après l'accroissement de la population.

Mais votre base de la cote moyenne est arbitraire dans le détail : vous ne pouvez le nier. Vous ne pouvez nier non plus qu'il y ait eu augmentation sur chaque nature de contribution, de même que sur chaque cote individuelle, de même que sur le chiffre total qui offre un excédant d'impôt direct, par comparaison de l'an 1830 à l'an 1843, de 71,284,716 fr. ou 21 fr. 55 c. p. $_0$7° (1). Coupez, divisez, groupez et regroupez vos répartitions et sous - répartitions comme

(1) Savoir :

Sur la contribution foncière . . .	26,016 038
Sur la personnelle et mobilière. .	15,290,601
Sur les portes et fenêtres. . . .	16,253 602
Sur les patentes.	13,675,967
Sur la taxe du 1ᵉʳ avertissement.	48,508
Total.	71,284,746

vous l'entendrez, c'est toujours 71,284,716 fr. d'impôt direct et annuel que nous payons aujourd'hui de plus qu'en 1830. C'est à ce chiffre inexorable qu'il en faut revenir, et voilà votre gouvernement à bon marché !

2° Vous triomphez ensuite d'un double emploi commis dans l'énonciation des budgets annexes, et vous ne seriez pas fâché de donner ici le change à vos lecteurs. Mais vous savez bien que je ne me suis pas servi le moins du monde dans mes argumentations, de cette note jetée tout à la fin et presque hors du livre. Otez-la, et qu'y a-t-il à changer dans mes raisonnements ? pas un mot. Et dans mes calculs ? pas un centime. Et dans votre situation financière ? rien, absolument rien.

Que dis-je rien ? il y a déficit sur le présent, déficit sur l'avenir, toujours déficit.

Il est vrai que pour combler ce déficit, si vous n'avez guère d'argent, vous avez, en revanche, beaucoup de ressources..... d'esprit.

Ainsi l'impôt, d'après vous, rendra en moyenne, bon an, mal an, et jusqu'en 1855, 133 millions en sus des prévisions du budget de 1845 (1) ; mais vous n'y songez pas ! 153 mil-

(1) 1,730 millions en 13 ans, c'est bien, je crois,
133 millions par an ? Mais il y a encore une autre
manière de subdiviser cet illustre chiffre de 1,730
millions, c'est d'y arriver par l'augmentation pro-
gressive de 19 millions chaque année, ainsi qu'il
suit :

	Augmentation annuelle et progressive.	Chiffre annuel et progressif du Budget.
1843	19,000,000	1,300,000,000
1844	38,000,000	1,319,000,000
1845	57,000,000	1,338,000,000
1846	76,000,000	1,357,000,000
1847	95,000,000	1,376,000,000
1848	114,000,000	1,395,000,000
1849	133,000,000	1,414,000 000
1850	152,000,000	1,433,000,000
1851	171,000,000	1,452,000,000
1852	190,000,000	1,471,000,000
1853	209.000,000	1,490,000,000
1854	228,000,000	1,509,000,000
1855	247,000 000	1,528,000,000

1,729,000,000

Cette opération, qui aboutit au même résultat que
l'autre, permet aux contribuables futurs d'espérer

lions chaque année ! 133 millions tout juste, sans un zéro de moins, sans un centime de moins, et aussi sans aucun accroc d'émeute, de remboursement, de guerre, de catastrophe ? aucun ? aucun ?... Voilà qui est merveilleux ! Quoi donc, le monde politique, le monde guerrier, le monde commercial, le monde agricole , le monde financier, même le monde de vos dépenses, le plus grand des mondes connus, tous les mondes enfin resteraient immobiles pendant 15 ans pour justifier votre chiffre énorme, fabuleux, éblouissant, de 1750 millions de recettes dont vous n'aviez pas fait compte jusqu'ici, tant vous êtes riches ! Et en effet qu'est-ce que cela , une bagatelle de 1750 millions ? C'est égal , je suis forcé de convenir qu'il faut avoir une très-belle imagination pour rencontrer de la sorte, sur son chemin, par hasard et sans y penser, la chose n'en valant assurément pas la peine, une trouvaille de 1750 millions !

une aggravation d'impôts, pour l'année 1855, de 247 millions, ce qui portera le chiffre total du Budget d'alors à 1,528 millions.

Comment M. le Ministre des finances trouve-t-il *ma manière de procéder ?*

Quand je disais que vous méritiez d'être nommé ministre des finances dans le royaume des Mille et une Nuits! Oui, monsieur, la reine Schehérazade vous y attend, vous y serez ministre irresponsable et vous y foulerez sous vos pieds plus d'or que vous n'en laissez dans nos poches.

Je sais bien que vous me répondrez qu'il ne faut pas que j'attache une grande importance à votre conte oriental des 1750 millions, et que je ne dois pas le prendre plus au sérieux que vous ne le prenez vous-même.

Ce disant, vous me faites l'honneur d'ajouter que je raisonne comme M. Dufaure, M. le marquis de Bartélemy, M. le marquis d'Audiffret, M. le comte Roy, M. le baron Lepelletier d'Aulnay et autres financiers du plus grand mérite. Vous me flattez.

Mais si ces messieurs ont raison, pourquoi m'attaquez-vous, moi, qui n'ai raison qu'avec eux?

S'ils ont tort, pourquoi ne les attaquez-vous pas avec moi, qui n'ai eu tort qu'avec eux?

Est-ce moi qui ai dit : « Nos finances sont

puissantes ; il est vrai qu'elles sont engagées » ? C'est M. de Gasparin.

Est-ce moi qui ai dit : « Lorsqu'un État laisse s'introduire le désordre dans ses finances, il est bientôt menacé par la révolution ou par la conquête » ? C'est M. Dufaure.

Est-ce moi qui ai dit : « Les ressources destinées à l'exécution des chemins de fer ont un caractère *éventuel* et *précaire* » ? C'est M. Dufaure.

Est-ce moi qui ai dit : « N'ouvrons jamais la caisse publique à des besoins prochains ou *éloignés* sans assigner au gouvernement une provision de recette *définitive* » ? C'est M. le marquis d'Audiffret.

Est-ce moi qui ai dit : « Il n'y a *plus* d'entraves mises à *l'extension des dépenses.* Si cela continue, on compromettra la fortune de la France ; c'est un *devoir* de le déclarer, car il est grand temps de *s'arrêter* » ? C'est M. le baron Lepelletier d'Aulnay.

Est-ce moi qui ai dit : « Tel élevé que soit le chiffre de la dépense, il n'accuse point encore *toute l'étendue* des charges de 1845 » ? C'est M. Félix Réal.

Est-ce moi qui ai dit : « La dette flottante parviendra en 1845 à la somme considérable de 669 millions, qu'elle n'avait encore atteinte à *aucune époque antérieure* » ? C'est M. le marquis d'Audiffret.

Est-ce moi qui ai dit : « Des besoins *nouveaux* apparaissent chaque année »? C'est vous, Monsieur Lacave-Laplagne, vous-même !

Est-ce moi qui ai dit : « N'oublions pas que chaque somme de *plus*, quelque *modique* qu'elle soit, vient ajouter aux difficultés d'une position *bien difficile déjà* »? C'est encore vous, Monsieur, vous-même ! .

J'avoue qu'il n'est peut-être pas très-rationnel, quoique cela soit fort commun, de penser comme ministre d'aujourd'hui, ce qu'on ne pensait pas comme député d'hier, et que nous vivons dans un temps où, à ce qu'il paraît, les contradictions en fait de chiffres, ne coûtent guère plus que les contradictions en fait de principes. N'importe, il faut avoir pour cela un fier tour d'imagination, et c'est un peu dur, vous en conviendrez, de réfuter sa conduite par ses maximes, et de se voir condamner non-seulement par ses amis, mais encore par soi-même.

Il se rencontre des gens qui ont un tempérament tout particulier. Tour à tour sombres ou riants : sombres lorsque la disgrâce les cloue au banc de député. Riants lorsque le vent tourne au portefeuille. Voilà comment il se fait que la même personne peut trouver tantôt que nous payons trop, tantôt que nous ne payons pas assez, et cette même personne, c'est vous !

Dans tout ceci, convenez-en, Monsieur, c'est la vérité qui vous blesse, qui vous écrase. Une vérité grosse de 950 millions de déficit et qui tombe sur vous tout à coup. Il y a là, en effet, de quoi étourdir son homme !

Je résume, Monsieur, la première partie de ma Contre-réfutation, la partie des chiffres, et je dis en deux mots :

1° Que le double emploi porté par mégarde dans un document isolé ne signifie rien, puisque je le retranche et que votre déficit de 850 millions reste toujours le même, entendez bien cela, je vous prie, toujours le même !

2° Que, sur la répartition, s'il y a quelque

mécompte pour le chiffre du détail, il y a certitude pour le chiffre du total; que vous l'avouez, et que le sur-excédant des contributions directes est bien vraiment de 71,284,716 francs.

Voilà donc deux points arrêtés, et sur lesquels vous vous trouvez, Monsieur, complétement fixé, d'autres diront battu.

5° Que vos 1,730 millions d'augment de recettes tout à coup écloses de votre cerveau financier, sont l'une des plus curieuses découvertes d'un temps où l'on invente cependant une infinité de choses. Que si cette recette ne pouvait raisonnablement s'effectuer, à quoi bon nous en faire venir l'eau à la bouche ? Que si elle s'effectuait, elle serait absorbée, d'année en année, par la crue toujours montante des Budgets supplémentaires (1).

(1) M. de Gasparin, ancien ministre, a réfuté M. Lacave-Laplagne, en jugeant compensativement que le chiffre présumable de l'excédant des recettes, ne ferait que couvrir le chiffre présumable des dépenses supplémentaires du Budget, et en renvoyant les deux chiffres dos à dos.

(Voyez le rapport de M. de Gasparin, sur les chemins de fer.)

4° Que j'ai omis à votre passif la somme de 2 millions pour la Bibliothèque de Sainte-Geneviève.

5° Que j'ai omis à l'addition générale, par l'effet d'une lettre coulée à l'impression, le chiffre de cent millions porté par M. le marquis de Bartélemy, pour la création et réparation des routes royales dans le centre de la France, et officiellement promis par le ministère. Vous permettrez que je répare dans votre Bilan cette erreur de cent millions que vous auriez dû rétablir vous-même en toute conscience, le sachant et le sachant bien, puisque vos 655 employés et vous, avez passé cinq jours et cinq nuits à m'éplucher par tous les bouts.

Au surplus, quand on ne peut pas découvrir et redresser une omission de cent millions, il n'est pas étonnant qu'on se perde, comme vous le faites, dans le vague des hypothèses et dans l'arbitraire embrouillé de quelques centimes.

Il y a cette différence, Monsieur, entre le double emploi de 555 millions et l'omission des cent millions-Bartélemy, que le double emploi ne diminue pas d'un seul franc votre déficit de 1855, tandis que l'omission l'augmente de cent millions.

Souffrez donc, Monsieur, que je reporte cette centaine de millions à votre compte et qu'au lieu du chiffre de 849,797,445 fr., je pose celui de 949,797,445 fr. (1),

Maintenant, Monsieur, je passe de vos chiffres à vos raisonnements. Vous voyez qu'avec vous je procède en règle et ce ne sera pas ma faute assurément si vos raisonnements ne sont pas plus forts que vos chiffres ne sont exacts.

Je ne sais pas même si nous autres logiciens,

(1) Savoir :

Déficit résultant des dépenses extraordinaires votées en sus du budget. 497,594,445
Dépenses nécessaires et non votées suivant le tableau page 16 de *l'Avis aux contribuables*. 350,205,000
Bibliothèque Ste.-Geneviève. . . 2,000,000
Routes royales, d'après M. le marquis de Bartélemy (chiffre omis dans l'addition générale.) 100,000,000

Total. 949,797,445

2

car ici vous me permettrez de reprendre mes avantages, nous pouvons appeler cela des raisonnements. Ce sont des espèces d'admonestations, d'insinuations, de manipulations, de récriminations contre moi et d'admirations pour vous-même, le tout mélangé d'unités et de zéros, de millions et de centimes, à l'usage des beaux-esprits de la trésorerie.

Je prends donc au hasard ces espèces de raisonnements comme je vous disais, et je ne me crois pas tenu de les ranger dans l'ordre rationnel où vous auriez bien dû les mettre.

Est-il possible, ainsi qu'on me l'écrit de Paris, que vous ayez occupé à vous échafauder cet informe assemblage, 635 employés-rédacteurs, pendant cinq nuits et cinq jours? Je vous admire.

J'admire aussi que vous regrettiez de ne pas m'avoir entendu lâcher à la tribune, comme un autre, mon petit discours sur l'état prospère de vos finances. Vous êtes, vous et les gens de derrière vous, si disposés à m'écouter! Vous êtes si attentifs, si bienveillants lorsque nous montons à la tribune! Vous ne trépignez jamais sous les tables, vous autres! Vous ne cassez jamais vos couteaux de buis sur l'acajou de vos bureaux ! Agneaux que vous êtes ! On n'est pas plus doux et plus caressants.

Ah ! vous voulez d'un discours expurgé, rosé, édulcoré que je bredouillerais devant une cinquantaine de ministériels , que vous tronqueriez le soir dans vos colonnes , et que personne ne lirait plus ensuite, moi tout le premier, et vous donc ? Mais vous ne voulez pas d'un Pamphlet dont le public a enlevé dix mille exemplaires en trois jours, qui vous a percé à vif , et que toute la France lit ou a lu , parce que la France aime la vérité. Vous n'en voulez absolument pas ? Je suis, Monsieur, parfaitement de votre avis.

La partie d'ailleurs n'eût pas été égale entre nous. Je n'aurais eu pour moi que la vérité de mes chiffres , et j'aurais eu contre moi les foudres de votre éloquence. Ah , monsieur, de votre part, cela n'est pas généreux (1).

(1) Il faut aussi qu'on sache que, dès que le dernier chiffre du Budget des recettes est adopté, la Chambre se sépare de fait, et qu'ainsi tout discours général sur le chiffre total et net du Budget, est impossible. Aussi ne s'en fait-il plus.

Poursuivons : vous voulez bien m'enseigner que le caractère de député commande de la modération et de la réserve. Je croyais, excusez-moi si je me trompe, que le caractère de ministre commandait aussi de la modération et de la réserve. Or, vous vous permettez, Monsieur le Ministre, de dire que je ne suis ni juste ni impartial, et même que je ne saurais l'être sans déroger à toutes mes habitudes. Ce que vous prêchez aux députés, ne pourriez-vous le prêcher aux ministres et leur recommander aussi de la modération et de la réserve? Ce n'est pas tout, voyez-vous, que d'être responsable, il faut encore être poli.

Avec un peu de modération, de réserve et de justice, vous auriez pu dire que j'avais défendu les limites du Budget contre les envahissements de la majorité, l'exécutif contre le législatif, le ministère contre les ministres, vous enfin, Monsieur, contre vous-même. Mais, chose étrange! vous voulez absolument passer pour être plus gouvernemental que je ne le suis. C'est une prétention que je ne souffrirai point. Non, Monsieur, vous n'êtes pas aussi gouvernemental que moi!

Je ne vous demande pas de reconnaissance pour avoir rendu un grand service à mon pays et à vous aussi, Monsieur, en vous montrant la profondeur du gouffre où vous nous précipitez. Oh , mon Dieu ! je sais bien que la plupart des gens qui se noient, ne remercient guère ceux qui les tirent de l'eau.

Mais si vous avez cru devoir m'infliger votre censure morale et fiscale, vous auriez pu du moins vous dispenser de dire que votre immense prospérité financière, qui aboutit selon moi à un déficit de 950 millions, et selon plusieurs orateurs et publicistes, à plus de 1,200 millions, s'arrêterait dans sa marche dès aussitôt que l'on enverrait mes amis à la Chambre.

Sachez, Monsieur, qu'en matière d'impôts, je n'ai pour amis que les Contribuables ; et, si mes autres amis de la Chambre n'étaient pas, comme ils le sont, pour l'économie dans les dépenses, la force dans le pouvoir, la liberté dans les institutions, la fécondité dans le commerce et dans la paix, l'indépendance, la gloire et l'honneur de la France dans la politique, je ne me soucierais, en aucune façon, qu'ils vinssent siéger sur ces bancs d'où vous voulez m'exclure. Tenez-le-vous bien pour dit.

Ne vous vantez pas trop non plus de fonder vos ressources sur la sagesse de vos maximes, la solidité de vos alliances, et la libre et fière grandeur de votre diplomatie, et n'allez pas vous imaginer que l'Europe vous chérisse, vous admire, vous redoute et vous honore. Non, malheureusement, l'Europe ne vous aime pas, elle ne vous admire pas, elle ne vous craint pas, elle ne vous respecte pas ! C'est sur ces quatre points que vous pouvez broder le thème de vos relations avec elle.

Apprenez aussi à distinguer les travaux productifs des travaux luxuaires. Les premiers vivifient, les seconds dévorent. Ne vous occupez pas qu'à gâcher du mortier et qu'à recrépir ce qui tombe. Soyez des hommes d'État et non des badigeonneurs ! Mais non, vous vous entêterez dans le plâtras, vous ferez des folles dépenses de cinq fois, de dix fois plus cher que le devis, et ensuite vous soutiendrez bravement que cela donnera, pour me servir de vos expressions, *une nouvelle impulsion aux recettes de tout genre.*

De la sorte, plus l'on dépenserait à tort et à travers l'argent des Contribuables, plus l'on donnerait *une nouvelle impulsion aux recettes de tout genre.* — Dites plutôt que vous nous baillez là une recette d'un nouveau genre.

Dans tous les cas, je vous poserai ce dilemme :

Ou vous ne pourrez faire ou achever les travaux votés ou à voter, alors que devient votre *prospérité financière toujours croissante?* Ou bien vous les ferez et achèverez, alors que deviendra le reste de notre argent ?

Ne prétendez pas que vous avez diminué la liste civile, car, sur ce terrain, vous me faites trop beau jeu. Vous allez me forcer à me souvenir, moi qui n'y songeais pas, que j'ai été dans cette diminution pour quelque chose, pour une cinquantaine de millions peut-être que j'ai épargnés aux Contribuables, et dont, en passant, je leur donne avis.

Et puis, voyez-vous, que ceci reste entre nous deux et ne le dites à personne. Vous ne devriez jamais prononcer le mot de diminution joint à celui de liste civile. Il faut qu'un ministre soit bien en cour.

Au demeurant, je ne suis pas, Monsieur, si

atrabilaire et si partial que vous me faites. Car, et vous en convenez vous-même, j'ai été le premier à reconnaître la fructueuse application des centimes additionnels aux écoles primaires, aux routes départementales et aux chemins vicinaux. J'approuve comme vous et pleinement, et vous avez raison de me le rappeler, la diminution des 40 millions de l'impôt sur les boissons (1), la suppression de la loterie et des jeux, l'amélioration de l'instruction primaire et du sort des desservants et de l'armée. Tout le bien que le gouvernement a pu faire à mon pays, avant comme depuis 1850, et il en a fait, je l'en remercie : car je porte un cœur de citoyen, et je ne suis ni ingrat, ni injuste.

C'est précisément même parce que je ne suis pas injuste que je ne veux pas vous laisser attribuer aux ministres du temps présent, ce qui appartient aux ministres du temps passé, et souffrir que vous vous appliquiez ainsi sans façon le bien des autres.

(1) Vous pourriez, par exemple, ne pas laisser pendre la menace de leur retour sur la tête des Contribuables, comme vos prédécesseurs et vous semblez y incliner.

C'est parce qu'il faut rendre à César ce qui est à César, que j'aime à dire que vous n'êtes pour rien ni dans l'amélioration du sort des officiers, puisqu'elle n'est due qu'aux plaintes, cent fois réitérées, de l'Opposition.

Pour rien dans l'amélioration du traitement des desservants, puisqu'elle est due à un ministre de la Restauration (1).

Pour rien dans l'amélioration de l'instruction primaire, puisque vous n'avez guère fait que copier, en teinte pâle et au lavage, le projet plus libéral de deux députés de l'opposition (2).

Pour rien dans l'amélioration des routes départementales, puisqu'elle est due aux Conseils généraux.

Pour rien dans l'amélioration de la Marine, car c'est la Chambre qui vient de vous forcer, un peu brutalement peut-être, et le poing sur la gorge, à réarmer devant l'Angleterre vos équipages et vos vaisseaux.

Pour rien dans l'amélioration des transports, puisqu'elle est due à la fois et à l'activité fé-

(1) M. de Vatimesnil.
(2) MM. Salverte et Daunou.

conde de la concurrence et aux ingénieux calculs des entrepreneurs de roulage.

Pour rien dans le mouvement des importations et des exportations, puisqu'il est dû au
génie de nos commerçants, au travail de nos
agriculteurs et au développement de la population (1).

Pour rien dans la réduction des 40 millions
sur les boissons, puisqu'elle est due à la force
super-ministérielle de la révolution, ou pour
parler comme vous, de l'*événement* de juillet.

Pour rien dans la réduction des hauts traitements de vos hauts fonctionnaires, puisqu'elle
est due à l'initiative et au vote spontané de la
Chambre qui, chaque année, et malgré vous,
maintient l'abaissement du chiffre.

Pour rien enfin dans la réduction de la liste
civile, et j'en sais deux mots ; car on nous avait

(1) Le ministre des finances me reproche pour
l'évaluation des patentes, de n'avoir pas tenu assez de
compte de l'accroissement de la population ; et, quand
il s'agit du mouvement des importations et des exportations réunies, il ne s'aperçoit pas qu'il tombe dans
la même faute que moi.

d'abord posé le chiffre de 18 millions, que j'ai fait réduire à 12.

Mais si vous n'êtes pour rien ou du moins pour presque rien dans la réduction de certaines dépenses, vous êtes pour beaucoup, et je serais injuste de ne pas le dire, dans l'augmentation générale de notre dette qui, grâce à votre bonne gestion, à votre habileté et à votre prévoyance, est en 1842, de 217,647,848 fr. (1), et sera en 1855, de 268,510,817 fr., soit en plus 50,862,969 fr., où 23 p. 100.

Calculateurs subtils, hommes de grande invention, qui prétendez pouvoir couvrir cet immense déficit, vous aurez beau vous creuser la tête, secouer le fond de vos sacs et agiter dans votre chapeau tous les chiffres du Trésor pour en faire sortir le bon numéro, vous ne trouverez d'autres ressources qu'un amortissement infiniment trop prolongé, qu'un emprunt dur à rendre, et qu'un impôt qui ne rendrait plus du tout si vous le pressuriez encore davantage. Les baguettes de vos fées ne feront

(1) Voir le premier chapitre du Budget des dépenses.

pas jaillir de ces trois sources de recettes, un filet d'argent de plus que toutes trois n'en contiennent.

Je vais, Monsieur, résumer vos raisonnements comme j'ai résumé vos chiffres, et afin de vous en épargner la peine, je ferai les questions et la réponse.

Ne nous a-t-on pas promis un gouvernement à bon marché ? Oui. Ne jouissons-nous pas depuis douze ans d'une paix profonde ? Oui. N'avons-nous pas un Budget en déficit ? Oui. Nos finances ne sont-elles pas engagées jusqu'en 1855, et même par delà ? Oui. N'est-il pas vrai que nous ne sommes pas le mieux du monde avec les grandes et les petites puissances de l'Europe, de l'Asie, de l'Afrique et de l'Amérique ? Oui. Avec aucune ? Oui. N'est-il pas vrai que vous ayez excédé dans vos maçonnages, quatre fois, cinq fois, dix fois les évaluations de vos devis ? Oui. Que vous n'ayez ni canaux productifs ? Oui. Ni grande ligne de fer ? Oui. Ni forteresses vaillamment entretenues ? Oui. N'est-il pas possible que d'ici à 15 ans, les fonds publics s'abaissent au-dessous du pair ? Oui. Que nous ayons la guerre ? Oui. Qu'il survienne une inondation, une émeute, une catastrophe? Oui. Qu'une panique de remboursement saisisse les déposants de la caisse d'épargnes? Oui. Que l'on demande des indemnités pour l'abolition de l'esclavage, pour la suppression du sucre indigène, pour les dépenses du musée de Versailles, pour la colonisation de l'Algérie, pour cent autres éventualités? Oui.

Eh bien! que conclure de toutes ces affirmations et qu'en résulte-t-il? C'est que vous avez manqué aux promesses du passé, que vous pliez sous le déficit du présent et que dans vos effusions hypothétiques, vous embrassez l'avenir d'une étreinte convulsive.

Reconnaissez donc, Monsieur, avec tout votre esprit et toute la loyauté de votre caractère, que vous vous êtes trompé, et moi, de mon côté, je reconnaîtrai que, pour un financier d'imagination, vous tenez bien vos registres, que votre comptabilité est parfaitement alignée, les unités au-dessous des unités, les zéros au-dessous des zéros, et que, Dieu aidant et les Contribuables aussi, vous aurez, avec une vigueur incroyable, amené et poussé la puissance géométrique du chiffre jusqu'à 950 millions de déficit !

C'est un beau chiffre, un chiffre qui dépasse, je dois vous rendre cette justice, tous les calculs de nos prévisions, toutes les promesses d'économie que l'on nous prodiguait il y a douze ans, toutes nos plus brillantes espérances de gouvernement à bon marché.

Je vous en félicite bien sincèrement, Monsieur, et vous devez être content, si nous ne le sommes pas.

Nous autres, passez-moi cette petite vanité, nous nous y serions pris tout autrement. Nous eussions, en 1830, la main sur l'épée de la France, parlé haut et ferme à l'Europe le langage du désarmement général et de la paix ; nous eussions, en gardant les cadres d'officiers, licencié la moitié ou le tiers de nos troupes, accru nos deux marines et renfermé l'exécution des travaux et monuments dans les limites de leurs devis. Avec nos excédants de recette (car nous eussions eu, par centaines de millions, des excédants de recettes, tandis que vous n'avez que des excédants de dépenses) nous eussions amorti notre dette, réduit l'impôt et effacé tous ces mots barbares de taxations et de super-impositions complémentaires , supplémentaires , extraordinaires , additionnelles , facultatives-fixes et variables-facultatives, qui défigurent notre langue et qui surtout vident nos bourses.

Voilà ce que nous eussions fait, au grand applaudissement des Contribuables , nous autres financiers du terre-à-terre, hommes de petit génie et *peu familiarisés avec ces matières !*

Je n'en dirai pas davantage. Je craindrais, Monsieur, de vous fatiguer , et je conçois qu'après avoir tordu vos plumes et sué à grosses gouttes pendant cent vingt heures de pleine horloge, pour élucubrer votre factum, vous sentiez le besoin de vous délasser, et d'aller, porté sur les songes d'une prospérité financière toujours croissante, déposer le brillant hommage d'un déficit de 950 millions aux pieds de la belle princesse Schéhérazade, dans son beau palais des Mille et une Nuits.

TIMON.

PIÈCE JUSTIFICATIVE ET CURIEUSE.

Il a toujours été dans les habitudes de Timon de placer sous les yeux du public, en homme loyal et qui, d'ailleurs, sent sa force, les arguments complets de ses adversaires, afin de le mettre à même de juger entre eux et lui. C'est pour cela qu'il a désiré que nous donnassions, comme pièce justificative, et curieuse à plus d'un titre, la réfutation de M. le ministre des finances, dont Timon contre-réfute à son tour si victorieusement les raisonnements et les chiffres.

Réfutation du Ministre des Finances,

Publiée *par ordre* dans le *Messager*, le *Moniteur*, la *Presse* et le *Journal des Débats* (1).

M. le vicomte de Cormenin vient de publier une brochure intitulée : *Avis aux contribuables*, dont certains journaux ont fait grand bruit. A en croire l'ancien député de l'Yonne, nos finances sont dilapidées, nous marchons vers un abîme, et la banqueroute est inévitable.

Si le danger était aussi imminent qu'il l'annonce, il aurait, ce nous semble, de grands reproches à se

(1) La *Presse* et les *Débats*, qui sont gens d'esprit, auraient tourné leur réfutation un peu mieux que cela, et ils savent trop bien leur métier pour arranger une argumentation chiffrée et raisonnée, si dépourvue de force, de clarté et de méthode.

faire. Comment aurait-il attendu si tard pour le signaler ? *Comment n'aurait-il pas porté à la tribune sès chiffres et ses sinistres prophéties,* lorsqu'il était possible encore d'arrêter le mal, ou, du moins, de le réduire beaucoup ?

Heureusement pour l'honneur de l'ancien député, il n'en est pas ainsi. Il n'a point, par son silence, failli aux devoirs qui lui étaient imposés. Il les a respectés, au contraire; il a compris que la tribune n'admettait pas les assertions hasardées, les réticences calculées. Il a attendu, pour faire usage des moyens, non-seulement que les Chambres fussent séparées, mais encore qu'il ne fût plus revêtu d'*un caractère qui commande de la modération et de la réserve.*

Ce n'est, au surplus, que dans la forme que l'*Avis des contribuables* présente quelque chose de particulier. Le fond ne fait que reproduire des objections auxquelles plusieurs orateurs, et les ministres de l'intérieur, des travaux publics et des finances, ont *pleinement* répondu dans le cours de la session qui vient de finir. Aussi, une réponse n'avait-elle pas paru nécessaire d'abord, et si nous nous décidons à dire quelques mots sur la brochure nouvelle, c'est afin d'ôter à la malveillance et à la mauvaise foi tout prétexte pour chercher, comme on le fait déjà, à persuader aux gens ignorants et crédules que les arguments de M. de Cormenin n'admettent pas de réfutation.

Après avoir présenté le résumé des deux budgets récemment votés, des déficit et dépenses extraordinaires et des voies et moyens extraordinaires aussi, l'auteur y ajoute les dépenses *nécessaires* qui n'ont pas été votées, et arrive à un déficit de 848 millions à la fin de 1855. Avec *sa manière de procéder,* on doit lui savoir gré de n'avoir pas porté ce déficit à une somme beaucoup plus considérable. C'est ainsi qu'au lieu de prévoir une dépense nouvelle de cent millions pour les routes royales déjà dotées de 84 millions par les lois rendues depuis 1837, il pouvait élever le chiffre à 200, 300 millions. Il est évident, et l'observation en a déjà été faite plus d'une fois, que si on veut faire exécuter d'ici à 1855 des travaux en tout genre dans une proportion cinq ou six fois plus forte que ce qui a jamais été fait dans un espace de temps égal, on obtiendra un chiffre de dépenses qui pourra paraître effrayant.

Et cependant il n'est pas exact de dire que les 848 millions de M. de Cormenin formeraient un véritable déficit. S'il a mis un soin minutieux à indiquer toutes les dépenses, à faire entrer en ligne de compte, et avec raison d'ailleurs, les intérêts de la partie de l'emprunt non négociée, et ceux qui seront à payer à l'amortissement pour la consolidation de ses bons, il a gardé le silence sur les ressources que continuera d'offrir le développement de la richesse, de l'industrie et de la population. M. le ministre des finances a montré à la tribune de la Chambre des députés comment l'extension des travaux productifs avait presque doublé l'augmentation moyenne par année de nos produits, comparativement aux dix dernières années de la Restauration.

Si cette moyenne ne fléchissait pas, cette seule cause produirait jusqu'en 1855 *une somme totale de 1,730 millions,* c'est-à-dire plus du double du déficit si souvent signalé par M. de Cormenin. Sans doute, tout n'est pas certain dans cette ressource, et il est évident qu'il ne faudrait pas y compter si les électeurs suivaient les conseils de M. de Cormenin, et *envoyaient ses amis* en majorité à la nouvelle Chambre; mais le gouvernement a basé ses calculs sur le *maintien de sa politique*, et l'espoir qu'il fonde sur des améliorations dans les revenus publics est d'autant plus légitime, que déjà cet *accroissement moyen de 19 millions* par an est réalisé pour 1842 dans les cinq premiers mois seulement, et que les travaux qu'il entreprend sont de nature à donner une *nouvelle impulsion aux recettes de tout genre.*

Les réflexions sur le déficit sont suivies de rapprochements entre les produits des contributions directes en 1830 et en 1843; on en indique les résultats en annonçant que les contribuables ne les trouveront pas très-curieux : nous devons ajouter qu'ils ne sont pas très-exacts. *Peu familiarisé avec ces matières,* M. de Cormenin, en relevant l'augmentation constatée sur les contributions, a supposé que le nombre des contribuables n'avait pas augmenté en même temps; d'où il conclut que celui qui payait une certaine somme en 1830 en payera une infiniment plus considérable en 1843.

Voici les rectifications qu'il faut faire à ses calculs :

Patentes	en 1830	en 1843.
Montant des contributions.	28,256,563	41,932,530
Nombre des contribuables.	1,163.255	1,440,000
Cote moyenne.	24 fr. 50 c.	29 fr. 10 c.

Augmentation 4 fr. 80 c., soit 19 fr. 75 c. pour 100 au lieu de 48 fr. 39 c.; ainsi celui qui payait 200 f. paye aujour-

d'hui 239 fr. 50 c., et non
296 f. 78 c., comme le prétend
M. de Cormenin.

Personnel et mobilier.

Contribution. 41,272,059 56,562,660
Nombre de cotes. 5,198,683 6,150,000
  Cote moyenne. . . . . . . 7 fr. 93 c. 9 fr. 19 c.
Soit 15 fr. 88 c. p. 100 au
lieu de 37 fr. 04 c.

Portes et fenêtres.

Contribution. 15,525,002 51.778,604
Nombre d'ouvertures. . . 26,892,316 43,475,183
Moyenne par ouverture. .   57 c.   73 c.
Soit 28 fr. 07 c. p. 100 au
lieu de 104 f. 69 c.

Celui qui payait, en 1830, 100 f. de portes et fenêtres, paye donc aujourd'hui 128 f. 07 c., et non 204 f. 69 c., chiffre de la brochure.

Celui qui, en 1840, payait 200 f. de contribution personnelle et mobilière, et de portes et fenêtres (par portion égale), paye, en 1843, 243 f. 75 c. au lieu de 541 f. 75 c.

Les erreurs sont grandes, comme on le voit, et les augmentations bien moins considérables que ne l'a pensé M. de Cormenin. Il reconnaît lui-même que l'emploi des centimes affectés aux écoles primaires, aux chemins vicinaux, aux routes départementales, a été utile. Or, c'est précisément à cela qu'ont été appliquées les augmentations dont il se plaint. Depuis dix ans, sauf 3 centimes ajoutés aux patentes, en remplacement du timbre des livres de commune, dont les patentables ont été affranchis, il n'en a pas été ajouté un seul pour dépenses générales de l'État au principal des contributions directes, il en a même été retranché au profit des départements.

Mais pourquoi M. de Cormenin, qui a mis beaucoup plus de zèle que d'exactitude à relever les accroissements des charges des contribuables depuis 1830, n'a-t-il pas parlé des réductions diverses qui ont allégé le poids de ces charges ?

Pourquoi, dans sa vive sympathie pour les pays vinicoles, a-t-il oublié *le sacrifice de 40 millions*, consenti en 1830 sur l'impôt qui frappe leurs produits ?

Pourquoi ne mentionne-t-il pas les réductions nombreuses opérées sur nos tarifs, particulièrement sur les houilles et sur les droits de navigation ?

Pourquoi, lui qui s'est fait si souvent le défenseur des classes ouvrières et de leur moralité, ne rappelle-t-il pas la suppression des produits de la loterie et de la ferme des jeux ?

Pourquoi, après avoir exposé aux contribuables le tableau de nos dépenses, ne les compare-t-il pas aussi à celles qui avaient lieu avant 1830, et ne leur dit-il pas que si elles sont plus considérables aujourd'hui, ce n'est pas que la *Liste civile* ait été augmentée, car elle est descendue de 32 millions à 14; ce n'est pas que les *hautes fonctions* coûtent plus cher, car les traitements des ministres, des maréchaux, du conseil d'État, de la cour des comptes, des premiers présidents et procureurs généraux, des archevêques et évêques, des directeurs généraux, des préfets, ont été réduits.

C'est que la situation des magistrats des petits tribunaux a été améliorée ;

Que les *desservants* des communes rurales ont

été mieux traités, et le nombre de succursales augmenté ;

Que le bienfait de l'instruction, et particulièrement de l'*instruction primaire*, a été propagé partout, et que la dotation de ce ministère a été quintuplée ;

Que les travaux publics de toute espèce ont reçu un notable développement ;

Que la position du soldat et celle des *officiers de tous les grades*, et particulièrement des grades inférieurs, a été sensiblement adoucie par des mesures successives toujours accueillies avec empressement par les Chambres ;

Que les crédits affectés au développement de notre marine ont été presque doublés ;

Que sur *tous les points* de nos frontières, comme autour de la capitale, s'élèvent ou se réparent des remparts destinés à ajouter à la force et à la sécurité de la France.

Voilà ce qu'aurait dû dire M. de Cormenin aux contribuables, s'il avait voulu être *juste et impartial ;* mais ce qu'il ne pouvait dire sans aller contre le but qu'il voulait atteindre et sans *déroger à toutes ses habitudes.*

Ce qu'il aurait dû dire encore, c'est que, grâce à l'emploi *utile* et *intelligent* des deniers publics, ces sacrifices imposés aux contribuables, dont on a tant cherché à grossir l'importance, ont de larges, de très-larges compensations. Il serait trop long de les indiquer toutes, et d'ailleurs il y en a certainement beaucoup qui sont inaperçues ou inappréciables ; on se bornera à indiquer deux résultats principaux.

Le prix moyen du transport par le *roulage* était, en 1830, de 25 centimes par kilomètre. Il est descenda aujourd'hui à 0 fr. 20 c. En adoptant les calculs de M. le comte Daru, dans son rapport sur le projet de loi relatif aux actions de jouissance (p. 30), et il déclare qu'il est au-dessous de la vérité, c'est une économie pour le pays de 100 millions par an, qui est due évidemment à l'amélioration de nos routes et à la concurrence des autres voies de communication.

Le mouvement total du commerce extérieur, exportations et importations réunies, a été, en 1829, de 1,224 millions ; en 1840, dernière année, dont les résultats soient réunis, de 2 milliards 63 millions. On ne saurait, certes, faire une *meilleure* réponse aux sombres tableaux de M. de Cormenin.

L'espace nous manque pour le suivre dans toutes ses observations : mais nous ne pouvons laisser passer la lourde erreur par laquelle il termine sa brochure. Le n° 6 de ses annexes est un tableau des budgets depuis 1814. Il n'a pas eu à se mettre beaucoup en frais pour ce tableau ; les résultats en sont extraits textuellement de ceux que l'administration vient de publier sur le même sujet (*pages 339 à 349 du compte-rendu pour l'année 1841*).

Mais M. de Cormenin ajoute à ces chiffres 1° un budget dit annexe de 93,055,000 ; 2° un autre budget de 240 millions créé en vertu de la loi de 1837.

Or, il est facile de se convaincre, en jetant un coup d'œil sur les développements du document déjà cité, que ces budgets spéciaux se trouvent rattachés aux budgets généraux des différents exercices. M. de Cormenin commet donc un *double emploi* de 333,055,000 fr. seulement.

L'erreur est-elle volontaire ou involontaire ? C'est au public à juger quelle est l'hypothèse la plus vraisemblable.

———